CULINARY
# PORVOO

| | |
|---|---|
| Editor | Kimmo Kajaste |
| Photographs | Manne Stenros and Ari Mäkelä |
| Layout | Manne Stenros and Antti Heinonen |
| Reproduction | Antti Heinonen |
| Translation | Bellcrest Translations ltd |
| Printed | Gummerus Printing, 2009 |

Publisher · A LA CARTE BOOKS
Viherkatu 2
FI-159 00 Lahti
tel +358-(0)50-654 06
fax +358-(0)3-7346104
manne.stenros@alacarte.fi
www.alacarte.fi

*Life is water. We flow in the
stream of time. Searching and
finding, sensing and
remembering.*

*Elämä on vesi. Ajan virrassa
me. Etsien ja löytäen, aistien ja
mieleemme painaen.*

*Liv är vatten. Vi bärs av tidens
ström. Söker och finner, förnim-
mer och kommer ihåg.*

*Leben ist Wasser. Wir befinden
uns im Strom der Zeit. Wir
suchen und wir finden, gebrau-
chen unsere Sinne und
erinnern uns.*

*L'eau, c'est la vie. Nous, c'est
au fil du temps. Cherchant et
trouvant, ouvrant nos sens
pour garder en mémoire.*

*Porvoo's old coat of arms*

**The river meets the sea**. People arrive from the sea and follow the river. They meet. A community is born – Porvoo, Finland's second-oldest town. Trade, houses, fortifications, a church arise from meeting, work, actions, wants and needs. Today, with almost 50,000 inhabitants, Porvoo's heart and soul is the Old Town. It was built, grew and prospered along the river. Porvoo received town rights in the late 14th century.

**Joki yhtyy mereen**. Mereltä saavutaan ja jokea seurataan. Ihmiset kohtaavat. Syntyy yhteisö. Porvoo, Suomen toiseksi vanhin kaupunki. Kauppa, talot, linnoitus, kirkko kasvavat kohtaamisesta, työstä, toimista, tahdosta, tarpeesta. Tänään lähes 50 000 asukkaan Porvoon kaupungin ydin ja alkupiste on Vanha Porvoo. Joen varrelle se nousi, kasvoi ja kehittyi. Porvoo sai kaupunkioikeudet 1300-luvun loppupuolella.

**En å möter havet.** Från hav och längs med ån kommer folk. Människor möts. Ett samhälle föds. Borgå, Finlands näst äldsta stad. Handel, husen, borgen, kyrkan kommer till av möten, arbete, handlingar, vilja, behov. Gamla Borgå är startpunkt och kärna i dagens Borgå med närmare 50 000 invånare. Staden reste sig invid ån, den växte och utvecklades. Borgå fick stadsrättigheter under slutet av 1300-talet.

**Der Fluss wird eins mit dem Meer**. Man kommt vom Meer und folgt dem Fluss. Menschen treffen aufeinander. Es entsteht eine Gemeinschaft. Porvoo, Finnlands zweitälteste Stadt. Handel, Häuser, eine Festung, eine Kirche entstehen aus dem Zusammentreffen, aus der Arbeit, aus dem Willen, aus der Notwendigkeit. Heute ist die Altstadt Porvoos der Mittel- und Anfangspunkt der Stadt Porvoo mit ihren 50.000 Einwohnern. Am Ufer des Flusses entstand die Stadt, wuchs und entwickelte sich. Porvoo erhielt die Stadtrechte Ende des 14. Jahrhunderts.

**La rivière rejoint la mer.** Les gens arrivent par la mer et suivent la rivière. Ils se rencontrent. C'est la naissance d'une communauté. Porvoo, deuxième plus vieille ville de Finlande. Le commerce, les maisons, la forteresse, l'église éclosent au fil des rencontres, du travail, des activités, de la volonté, des besoins. Le Vieux Porvoo reste le cœur et l'origine de la ville, qui compte aujourd'hui près de 50 000 habitants. Porvoo s'éleva au bord de la rivière, s'étendit, se développa. C'est à la fin du XIVe siècle qu'elle obtint le statut de ville.

**Through the centuries**, Porvoo has been destroyed and burnt many times. But it has always got back on its feet. Today the old Town Hall from 1764 is used as a history museum.

**Vuosisatojen saatossa** Porvoo on hävitetty ja poltettu moneen kertaan. Aina se on noussut uuteen kasvuun. Vanha raatihuone vuodelta 1764 toimii nykyisin historiallisena museona.

**Under århundradenas** lopp har Borgå bränts och förstörts flera gånger. Men staden har alltid rest sig till ny tillväxt. Det gamla rådhuset från 1764 är idag ett historiskt museum.

**Im Laufe der Jahrhunderte** wurde Porvoo viele Male zerstört und verbrannt. Es ist immer wieder neu auferstanden und gewachsen. Das alte Rathaus aus dem Jahr 1764 dient heute als historisches Museum.

**Au cours des siècles**, Porvoo fut ravagée et brûlée à plusieurs reprises, mais elle s'est toujours relevée pour s'épanouir de plus belle. L'ancien Hôtel de Ville, construit en 1764, abrite aujourd'hui un musée historique.

## CAFÉ FANNY'S RASPBERRY CAKE

**Base:**
3 dl Digestive biscuits, ground
80 g melted margarine

**Filling:**
3 dl double cream
1 dl sugar
250 g curd cheese
6 gelatine leaves
1½ dl diluted raspberry juice

**Berry jelly:**
raspberries
4 gelatine leaves
4 dl raspberry juice

Prepare the base by mixing the ground Digestive biscuits and melted margarine. Spread the dough in a springform pan and let it harden in the fridge. Prepare the filling by mixing the double cream into foam, then adding the sugar and mixing. Add the curd cheese. Mix the 6 gelatine leaves that have been soaked in cold water into the hot raspberry juice, cool down and add to the mixture of cream and curd cheese. Pour the mixture over the Digestive base and allow to harden in the fridge for at least two hours. Decorate the cake with a row of raspberries. Soak the 4 gelatine leaves in cold water and mix into hot juice. Allow the juice to cool and pour gently over the raspberries. Place in the fridge to harden.

## CAFÉ FANNYN VADELMARAHKA-KAKKU

**Pohja:**
3 dl Digestive-keksejä jauhettuna
80 g sulatettua margariinia

**Täyte:**
3 dl kuohukermaa
1 dl sokeria
250 g rahkaa
6 liivatelehteä
1½ dl laimennettua vadelmamehua

**Marjahyydyke:**
vadelmia
4 liivatelehteä
4 dl vadelmamehua

Valmista pohja sekoittamalla jauhetut Digestive-keksit ja sulatettu margariini. Levitä taikina avattavan rengasvuoan pohjalle ja anna kovettua jääkaapissa. Valmista täyte vatkaamalla kuohukerma vaahdoksi, lisää sokeri ja sekoita. Lisää rahka. Sekoita kylmässä vedessä liuenneet liivatelehdet kuumaan vadelmamehuun, jäähdytä ja lisää kermarahkaseokseen. Kaada seos Digestive-pohjan päälle ja anna kovettua jääkaapissa vähintään kaksi tuntia. Koristele kakku vadelmarivillä. Liota liivatelehdet kylmässä vedessä ja sekoita kuumaan mehuun. Anna mehun jäähtyä ja kaada varovasti vadelmien päälle. Aseta jääkaappiin kovettumaan.

## CAFÉ FANNYS HALLONKVARKS-TÅRTA

**Botten:**
3 dl finfördelade Digestivekex
80 g smält margarin

**Fyllning:**
3 dl vispgrädde
1 dl socker
250 g kvark
6 gelatinblad
1½ dl utspädd hallonsaft

**Bärfromage:**
hallon
4 gelatinblad
4 dl hallonsaft

Tillred botten genom att blanda de finfördelade Digestivekexen med det smälta margarinet. Bred ut degen på botten av en sockerkaksform med löstagbara kanter och ställ och stelna i kylskåp. Tillred fyllningen genom att vispa grädden till skum, tillsätt sockret och blanda. Tillsätt kvarken. Lös upp gelatinbladen i kallt vatten och blanda i varm hallonsaft, låt kallna och häll över i gräddkvargblandningen. Häll blandningen på Digestivebotten och låt stelna i kylskåp minst två timmar. Dekorera kakan med en rad hallon. Blöt upp gelatinbladen i kallt vatten och blanda in i den heta saften. Låt saften kallna och häll försiktigt över hallonen. Låt stelna i kylskåp.

## DER HIMBEERQUARKKUCHEN DES CAFÉS FANNY

**Boden:**
3 dl Digestive-Kekse zerbröselt
80 g geschmolzene Margarine

**Füllung:**
3 dl Schlagsahne
1 dl Zucker
250 g Quark
6 Blatt Gelatine
1½ dl verdünnter Himbeersaft

**Beerensorbet:**
Himbeeren
4 Blatt Gelatine
4 dl Himbeersaft

Für den Boden Kekse zerbröseln und mit der geschmolzenen Margarine vermischen. Den Teig in einer Springform verteilen und im Kühlschrank hart werden lassen. Für die Füllung Schlagsahne schlagen und mit dem Zucker vermischen. Quark hinzufügen. Die in kaltem Wasser aufgelösten Gelatineblätter mit dem heißen Himbeersaft vermischen, abkühlen lassen und mit der Sahnequarkmischung verrühren. Die Mischung auf den Keksboden schütten und im Kühlschrank mindestens zwei Stunden lang hart werden lassen. 4 Blatt Gelatine in kaltem Wasser auflösen und mit dem heißen Saft verrühren. Den Saft abkühlen lassen und vorsichtig über die Himbeeren schütten. Im Kühlschrank hart werden lassen.

## LE GÂTEAU AUX FRAMBOISES ET AU RAHKA DU CAFÉ FANNY

**Fond:**
3 dl de biscuits Digestive émiettés
80 g de margarine fondue

**Garniture:**
3 dl de crème liquide
1 dl de sucre
250 g de rahka (fromage blanc finlandais)
6 feuilles de gélatine
1½ dl de jus de framboise dilué

**Gelée:**
framboises
4 feuilles de gélatine
4 dl de jus de framboise

Préparer le fond en mélangeant les biscuits Digestive émiettés et la margarine fondue. Étaler la pâte au fond d'un moule à fond amovible et laisser prendre au frais. Pour la garniture, monter la crème, incorporer le sucre et mélanger. Ajouter le rahka. Incorporer les feuilles de gélatine, trempées dans de l'eau froide, au jus de framboise chaud, refroidir et ajouter au mélange de crème. Verser le mélange sur le fond de biscuits Digestive et laisser durcir au frais deux heures minimum. Décorer avec des framboises en les disposant en cercle. Faire tremper les feuilles de gélatine dans de l'eau froide et les incorporer au jus chaud. Laisser refroidir et verser délicatement sur les framboises. Laisser prendre au frais.

The knights, nobles and burghers convened at the Diet of Porvoo in 1809 under the Town Hall clock. The clergy met at the Gymnasium on Cathedral Square (Kirkkotori). The fourth estate, the peasants, held their meetings opposite the church in Lawspeaker Orraeus's house.

Ritaristo ja aateli sekä porvaristo kokoontuivat Porvoon valtiopäivillä vuonna 1809 raatihuoneen kellon alla. Papisto kokoontui lukiotalossa, kymnaasissa Kirkkotorin varrella. Neljäs sääty talonpojat piti istuntojaan kirkkoa vastapäätä olevassa laamanni Orraeuksen talossa.

Under Borgå lantdag 1809 samlades företrädare för ridderskapet, adeln och borgerskapet under rådhusets klocka. Prästerna samlades i gymnasiebyggnaden indvid Kyrkotorget. Det fjärde ståndet, bönderna, höll sina sessioner i lagman Orraeus hus mitt emot kyrkan.

Lors de la Diète de Porvoo en 1809, la noblesse et la bourgeoisie se réunirent sous l'horloge de l'Hôtel de Ville, et le clergé dans la maison du Lycée, sur la place de l'Église. La paysannerie tint séance dans la maison du laamanni (juge) Orraeus en face de l'église.

Die Ritter, der Adel und das Bürgertum versammelten sich bei dem Reichstag in Porvoo im Jahr 1809 unter der Uhr des Rathauses. Die Geistlichkeit versammelte sich im Gymnasium auf dem Kirchplatz. Der vierte Stand, die Bauern, hielten ihre Versammlung gegenüber der Kirche im Haus des Gerichtsverwalters Orraeus ab.

*The old Town Hall, 1764*

*Old Town Hall clock*

**Välikatu and Jokikatu** are considered Finland's oldest streets. Today shops, studios and boutiques are an important part of the active Old Porvoo.

*Time stops for no man; people go about their business; culture and landscape remain.*

**Välikatua ja Jokikatua** pidetään Suomen vanhimpina katuina. Tänään kaupat, ateljeet ja putiikit ovat tärkeä osa elävää Vanhaa Porvoota.

*Aika ei pysähdy, ihminen menee menojaan, kulttuuri, maisema jäävät.*

**Mellangatan och Ågatan** anses vara Finlands äldsta gator. Butikerna, ateljéerna och boutiquerna är en betydande del av det livfulla Gamla Borgå av idag.

*Tiden stannar inte, människan går sina vägar, kulturen, landskapet består.*

**Les rues Välikatu et Jokikatu** sont considérées comme les plus anciennes de Finlande. Aujourd'hui, les magasins, les ateliers d'artisans et les boutiques insufflent la vie dans le Vieux Porvoo.

*Le temps ne s'arrête jamais, les hommes s'en vont ; la culture, le paysage restent.*

**Die Straßen Välikatu und Jokikatu** werden als die ältesten Finnlands angesehen. Heute sind die Geschäfte, die Ateliers und die Boutiquen ein wichtiger Bestandteil der lebendigen Altstadt Porvoos.

*Die Zeit bleibt nicht stehen, der Mensch geht seines Weges, die Kultur, die Landschaft bleiben.*

*Jokikatu, 2006*

*Restaurant Wanha Laamanni*

# BEEF À LA LAAMANNI

Serves 4

600 g beef fillet
salt and black pepper
100 g bacon
puff pastry
200 g Café de Paris butter
1 egg
vegetables
red wine sauce

Cut the fillet into four equally sized
pieces and fry them on a hot pan
on both sides. Season with salt and
black pepper, allow to cool and wrap
each inside a slice of bacon. Place the
fillets on to 15 x 15 cm pieces of puff
pastry rolled ½ cm thick and the Café
de Paris butter on the fillets. Close
the bundle and brush the edges with
whipped egg. Press the edges firmly
together, finish the edges with a pastry
wheel and brush with egg. Bake the
bundles in the middle of a 200-degree
oven for about 15 minutes. Serve with
vegetables and red wine sauce.

*Antti Oras, Chef de Cuisine*

## HÄRKÄÄ LAAMANNIN TAPAAN

4 annosta

600 g naudan sisäfileetä
suolaa ja mustapippuria
100 g pekonia
voitaikinaa
200 g Café de Paris –voita
1 muna
vihanneksia
punaviinikastiketta

Paloittele filee neljään tasasuureen
palaan ja paista lihat kuumalla pannulla
molemmilta puolilta. Mausta suolalla
ja mustapippurilla, jäähdytä ja kääri
pihvien ympärille siivu pekonia. Laita
pihvit 15x15 cm kokoisille noin ½ cm
paksuille voitaikinalevyille ja lisää pihvi-
en päälle Café de Paris -voi. Sulje nyytti
ja voitele taikinalevyn reunat vatkatulla
kananmunalla. Painele reunat tiukasti
kiinni, siisti reunat taikinapyörällä ja
voitele kananmunalla. Paista nyyttejä
200-asteisen uunin keskiosassa noin 15
minuuttia. Aseta tarjolle vihannesten ja
punaviinikastikkeen kera.

## OXE À LA LAAMANNI

4 portioner

600 g oxfilé
salt och svartpeppar
100 g bacon
smördeg
200 g Café de Paris-smör
1 ägg
grönsaker
rödvinssås

Skär upp filén i fyra jämnstora bitar
och stek köttet på vardera sidan i en
het stekpanna. Smaksätt med salt och
svartpeppar, låt svalna och vira en
skiva bacon runt biffarna. Lägg biffarna
på en 15x15 cm stor och ca ½ cm
tjock smördegsplatta och lägg Café de
Paris-smöret på biffarna. Stäng knytet
och smörj smördegsplattans kanter
med uppvispat ägg. Tryck fast kanterna
ordentligt, snygga kanterna med en
degsporre och smörj med ägg. Stek
knytena i mitten av 200-gradig ugn ca
15 minuter. Servera med grönsaker och
rödvinssås.

## RINDERFILET À LA LAAMANNI

4 Portionen

600 g Rinder-Filetsteak
Salz und schwarzer Pfeffer
100 g Schinkenspeck
Blätterteig
200 g Butter „Café de Paris"
1 Ei
Gemüse
Rotweinsoße

Das Filetsteak in vier gleich große Stük-
ke teilen und das Fleisch in der heißen
Pfanne von beiden Seiten braten. Salzen
und pfeffern, abkühlen lassen, anschlie-
ßend eine Scheibe Schinkenspeck um
die Steaks wickeln. Die Steaks auf 15 x
15 cm große, etwa ½ cm dicke Butter-
teigscheiben legen und auf die Steaks
Butter „Café de Paris" geben. Teig um
das Steak schließen und die Teigränder
mit geschlagenem Ei bestreichen. An-
schließend Teigränder fest andrücken,
mit einem Teigrad säubern und mit Ei
bestreichen. Die Taschen im Mittelteil
des Ofens bei 200° C etwa 15 Minuten
lang backen. Zusammen mit Gemüse
und Rotweinsoße servieren.

## BŒUF À LA LAAMANNI

Pour 4 personnes

600 g de filet mignon de bœuf
sel et poivre noir
100 g de bacon
pâte feuilletée
200 g de beurre café de Paris
1 œuf
légumes
sauce au vin rouge

Couper le filet mignon en quatre mor-
ceaux de même taille et les faire re-
venir à feu vif des deux côtés. Saler et
poivrer, laisser refroidir et envelopper
d'une tranche de bacon. Disposer les
steaks sur des abaisses de 15x15 cm
d'une épaisseur de ½ cm et les couvrir
de beurre café de Paris. Fermer et
badigeonner les bords avec l'œuf battu.
Bien refermer les bords, façonner et
badigeonner le dessus avec l'œuf. Faire
cuire au four à mi-hauteur à 200 °C
pendant une quinzaine de minutes.
Servir avec des légumes et une sauce
au vin rouge.

**Albert Edelfelt** (1854-1905), an internationally renowned Finnish painter, was born in Kiiala Manor, a few kilometres from Old Porvoo. The painting shows a view of the town at the time and of the Cathedral which still dominates the landscape. Porvoo has always inspired creativity.

**Kansainvälisesti tunnustettu** suomalainen taidemaalari Albert Edelfelt (1854-1905) syntyi Kiialan kartanossa, muutaman kilometrin päässä Vanhasta Porvoosta. Taulussa näkymä kohti silloista kaupunkia ja maisemaa yhä hallitsevaa tuomiokirkkoa. Porvoo on aina innoittanut luovuuteen.

**Den internationellt uppskattade** finländska konstnären Albert Edelfelt (1854-1905) är född på Kiala gård som ligger några kilometer utanför Gamla Borgå. Målningen framställer utsikten mot den dåtida staden och domkyrkan som än idag dominerar landskapet. Borgå har alltid inspirerat till kreativitet.

**Le peintre finlandais** Albert Edelfelt (1854–1905), de renommée internationale, naquit au manoir de Kiiala, à quelques kilomètres du Vieux Porvoo. Le tableau représente la vue sur la ville de l'époque et sur la cathédrale qui domine toujours le paysage. Porvoo a toujours été source d'inspiration à la création.

**Der international bekannte** finnische Künstler Albert Edelfelt (1854-1905) wurde auf dem Gutshof Kiiala geboren, einige Kilometer von der Altstadt Porvoos entfernt. Im Bild Blick auf die damalige Stadt und auf den Dom, der das Stadtbild immer noch beherrscht. Porvoo hat immer schon zu Kreativität inspiriert.

*View from Kiiala Manor towards Porvoo, Albert Edelfelt, oil painting from 1897*

## RUNEBERG'S TARTS

6 tarts

100 g butter/margarine
1 dl fine sugar
1 egg
50 g finely chopped almonds
1½ dl breadcrumbs
1½ dl wheat flour
1 tsp baking powder
1 tsp cardamom
1 dl double cream
raspberry jam
icing sugar
water, lemon or orange juice
punch

Beat the soft margarine and sugar into a foam. Add the eggs, beating all the time. Mix the dry ingredients together and add them to the dough. Pour in the cream and some punch, if you like. Grease the muffin pan cups and pour the dough in. Bake in a 200 degree oven for some 20 minutes. Decorate the tarts with a thick icing made of icing sugar and water. Squeeze the icing into a circle round the raspberry jam.

The tart carrying J.L. Runeberg's name was developed from a pastry made by a master confectioner, a contemporary of the national poet.

*Runeberg's tart*

## RUNEBERGINTORTUT

6 torttua

100 g voita/margariinia
1 dl hienoa sokeria
1 muna
50 g hienoksi hakattua mantelia
1 ½ dl korppujauhoja
1 ½ dl vehnäjauhoja
1 tl leivinjauhetta
1 tl kardemummaa
1 dl kuohukermaa
vadelmahilloa
tomusokeria
vettä, sitruuna- tai appelsiinimehua
punssia

Vatkaa pehmeä margariini ja sokeri
vaahdoksi. Lisää munat vatkaten jouk-
koon. Sekoita kuivat aineet keskenään
ja lisää taikinaan. Sekoita joukkoon ker-
ma ja halutessa hieman punssia. Voitele
muffinssipellin syvennykset ja kaada
taikina koloihin. Paista 200-asteisessa
uunissa noin 20 minuuttia. Viimeistele
tortut tomusokerista ja vedestä tehdyl-
lä paksulla tahnalla. Pursota kuorrutus
renkaiksi vadelmahillon ympärille.

J.L. Runebergin nimikkotorttu on kehit-
tynyt kansallisrunoilijan aikana eläneen
porvoolaisen kondiittorimestarin
leivonnaisesta.

## RUNEBERGSTÅRTOR

6 tårtor

100 g smör/margarin
1 dl strösocker
1 ägg
50 g finhackad mandel
1 ½ dl skorpsmulor
1 ½ dl vetemjöl
1 tsk bakpulver
1 tsk kardemumma
1 dl vispgrädde
hallonsylt
florsocker
vatten, citron- eller apelsinsaft
punsch

Vispa det mjuka margarinet och
sockret till skum. Vispa i äggen. Blanda
samman de torra ingredienserna och
tillsätt i degen. Rör i grädden och lite
punsch om du vill. Smörj fördjupning-
arna i en muffinsplåt och häll degen i
dem. Grädda i 200-gradig ugn ca 20
minuter. Fullborda tårtorna med en
tjock smet av florsocker och vatten.
Spritsa glaseringen som ringar runt
hallonsylten.

Tårtan är uppkallad efter J.L. Runeberg
och har utvecklats från en bakelse
tillredd av en konditormästare i Borgå
som levde under samma tid som
nationalskalden.

## RUNEBERG-TÖRTCHEN

6 Törtchen

100 g Butter/Margarine
1 dl feiner Zucker
1 Ei
50 g fein gemahlene Mandeln
1½ dl Paniermehl
1½ dl Weizenmehl
1 tl Backpulver
1 tl Kardamom
1 dl Schlagsahne
Himbeermarmelade
Puderzucker
Wasser, Zitronen- oder Apfelsaft
Punsch

Die weiche Margarine und den Zucker
schaumig schlagen. Unter weiterem
Schlagen Ei hinzufügen. Die trockenen
Zutaten miteinander vermengen und
zum Teig hinzugeben. Die Sahne und auf
Wunsch etwas Punsch hinzufügen. Die
Vertiefungen eines Muffinsbackblechs
einfetten und den Teig in die Vertiefun-
gen gießen. Rund 20 Minuten lang bei
200 Grad im Ofen backen. Für die De-
koration der Törtchen eine Paste aus
Puderzucker und Wasser zubereiten.
Den Zuckerguss mit einer Spritztüte
in Ringen um die Himbeermarmelade
spritzen.

Die nach J.L. Runeberg benannten
Törtchen wurden aus dem Gebäck
eines Konditormeisters entwickelt, der
zu Lebzeiten des Volksdichters in
Porvoo lebte.

## GÂTEAUX DE RUNEBERG

6 gâteaux

100 g de beurre ou de margarine
1 dl de sucre semoule
1 œuf
50 g d'amandes concassées
1½ dl de chapelure
1½ dl de farine
1 cuill. à café de levure chimique
1 cuill. à café de cardamome pilée ou
en poudre
1 dl de crème liquide
confiture de framboises
sucre glace
eau, jus de citron ou d'orange
punch

Battre en crème la margarine ramollie
et le sucre. Incorporer les œufs en
fouettant. Mélanger les ingrédients secs
et les ajouter. Verser la crème et, selon
goût, un peu de punch. Beurrer les
moules à muffins et répartir l'appareil
dans les creux. Faire cuire à 200 °C
pendant une vingtaine de minutes.
Décorer avec un mélange épais pré-
paré avec du sucre glace et de l'eau.
Déposer le glaçage avec une douille
autour d'une noisette de confiture de
framboises mise au centre du gâteau.

Ce gâteau qui porte le nom du poète
national a été créé à partir d'une
recette d'un maître pâtissier de Porvoo
contemporain de Runeberg.

*Alexandra Edelfelt in the yellow salon of Haikko Manor, Albert Edelfelt, watercolour, 1902*

*Porvoo River, 2006*

**The Porvoo warehouses** built along the river bank in the 18th century are part of the Finnish national landscape. This is where ships and boats came in from the sea and to load and off-load merchandise.

**1700-luvulla rakennetut** Porvoon ranta-aitat ovat osa suomalaista kansallismaisemaa. Aikanaan laivat ja veneet saapuivat tänne mereltä purkamaan ja lastaamaan kauppatavaroita.

**Strandbodarna i Borgå** är en del av det finländska nationallandskapet. De är byggda på 1700-talet. En gång i tiden kom skepp och båtar hit för att lossa av och lasta handelsvaror.

**Die im 18. Jahrhundert** am Flussufer gebauten Lagerhäuser in Porvoo sind ein Bestandteil der finnischen Nationallandschaft. In früheren Zeiten legten die Schiffe und Boote hier an, um Handelsgüter auf- oder abzuladen.

**Datant du XVIIIe siècle**, les entrepôts de Porvoo font partie du paysage national finlandais. C'est ici qu'arrivaient autrefois les bateaux et les embarcations pour charger et décharger les marchandises.

**Old wooden houses** and outbuildings, the old medieval town plan, idyllic gardens, leaning warehouses, narrow streets and verdant alleyways make Old Porvoo part of the European cultural heritage and a treasure trove of town history.

**Vanhat puutalot** ja piharakennukset, säilynyt keskiaikainen asemakaava, idylliset pihamaat, kallellaan olevat aitat, kapeat kadut ja lehtevät kujaset – Vanha Porvoo on osa eurooppalaista kulttuuriperintöä ja kaikkinensa kaupunkihistoriallinen aarre.

**Gamla trähus** och gårdsbyggnader, en bevarad stadsplan från medeltiden, idylliska gårdar, lutande bodar, smala gator och lummiga gränder – Gamla Borgå hör till vårt europeiska kulturarv och är en stadshistorisk skatt.

**Die alten Holzhäuser** und Nebengebäude, der mittelalterliche Stadtplan, der erhalten geblieben ist, die idyllischen Höfe, die schief stehenden Lagerhäuser, die engen Straßen und die dicht belaubten Gassen – die Altstadt Porvoos ist Teil des europäischen Kulturerbes und alles in allem ein städtehistorisches Kleinod.

**Les vieilles maisons** en bois et les bâtiments en annexe, le plan de la ville médiéval préservé, les cours intérieures idylliques, les remises bancales, les rues étroites et les ruelles verdoyantes – le Vieux Porvoo fait partie du patrimoine européen et constitue un authentique trésor sur le plan de l'urbanisme.

**Linnamäki Hill rises** in the background in the immediate vicinity of Old Porvoo. The wooden fortification on top of the hill earlier offered protection for the people living and trading in Porvoo. Borgå, the Swedish town name, comes from the words 'Borgen vid ån', meaning 'fortress by the river'.

**Linnamäki kohoaa** taustalla Vanhan Porvoon välittömässä yhteydessä. Mäellä sijainnut puulinnoitus maavalleineen tarjosi aikanaan suojan porvoolaisen asutuksen synnylle ja kaupankäynnille. Linnasta joen varrella on Porvoo saanut nimensä. Ruotsiksi Borgen vid ån eli Borgå, suomeksi Porvoo.

**Borgbacken reser sig** i bakgrunden alldeles intill Gamla Borgå. Jordvallarna och träborgen uppe på kullen gav en gång i tiden skydd och möjliggjorde uppkomsten av bosättning och handel i Borgå. Borgå har fått sitt namn efter borgen vid ån, Borgå.

**Der Burghügel erhebt sich** im Hintergrund in unmittelbarer Nähe der Altstadt Porvoos. Im Schutze der auf einem Hügel gelegenen Holzfestung mit ihren Erdwällen entwickelten sich seinerzeit die Besiedelung und der Handel Porvoos. Von der Burg am Fluss hat Porvoo seinen Namen bekommen. Auf Schwedisch Borgen vid ån (Burg am Fluss), Borgå, auf Finnisch Porvoo.

**La Colline de la forteresse** se dresse juste à proximité du Vieux Porvoo. L'ancienne forteresse en bois avec ses levées de terre offrait autrefois une protection propice au développement de l'habitat et du commerce. C'est cette forteresse au bord de la rivière qui a donné son nom à Porvoo ; en suédois, Borgen vid ån, soit Borgå, et en finnois, Porvoo.

## COBBLER'S SALMON

600 g fresh Baltic herring fillets
½ dl coarse salt

**Stock:**
1 dl vinegar
3 dl water
½ dl sugar

**In the jar:**
1 tsp whole pimentos
1 red onion
1 carrot

Pile the Baltic herring fillets, with the two
halves spread out, into a bowl. Sprinkle
coarse salt in between and on top of the
fish. Allow to marinade until the follow-
ing day. Stir the stock ingredients until the
sugar has dissolved. The following day,
drain the fillets, roll them up and pile into a
glass jar in layers with sliced carrot and red
onion. Sprinkle in the pimentos. Pour the
stock on top. Allow to marinade in a cold
place for a couple of days.

*Magnus Nyholm, fisherman*

## SUUTARINLOHI

600 g tuoreita silakkafileitä
½ dl karkeaa suolaa

**Liemi:**
I dl etikkaa
3 dl vettä
½ dl sokeria

**Tölkkiin:**
I tl kokonaisia mauste-
pippureita
I punasipuli
I porkkana

Lado silakkafileet avo-
naisina kulhoon. Ripot-
tele kalojen väliin ja pin-
nalle karkeaa suolaa.
Anna maustua seuraa-
vaan päivään. Sekoita lie-
men aineksia, kunnes soke-
ri on liuennut. Kääri yön yli
suolalla maustuneet, valutetut
fileet rullalle ja lado lasitölkkiin
kerroksittain viipaloidun porkka-
nan ja punasipulin kanssa. Ripottele
joukkoon maustepippurit. Kaada liemi
päälle. Anna maustua kylmässä pari päivää.

## SKOMAKARLAX

600 g färska strömmingsfiléer
½ dl grovt salt

**Lag:**
I dl ättika
3 dl vatten
½ dl socker

**In i burken:**
I tsk hela kryddpeppar
I rödlök
I morot

Lägg de öppna strömmingsfiléerna
i en skål. Strö salt mellan och
på fiskarna. Låt stå och få smak
till följande dag. Rör om ingre-
dienserna till lagen tills
sockret har löst sig. Rulla
ihop de avrunna filéerna
som tagit smak under
natten och varva med
skivad morot och rödlök
i en glasburk. Strö över
kryddpeppar. Häll över
lagen. Låt stå i kallt och
få smak ett par dagar.

## SCHUSTERS LACHS

600 g frisches Heringsfilet
½ dl grobes Salz

**Brühe:**
1 dl Essig
3 dl Wasser
½ dl Zucker

**Ins Glas:**
1 tl ganze Pfefferkörner
1 rote Zwiebel
1 Möhre

Heringsfilets geöffnet
in eine Schüssel schichten.
Zwischen die Fische und
auf die Oberfläche grobes
Salz streuen. Einen Tag
lang einziehen lassen.
Die Zutaten für die Brühe
miteinander vermischen, bis
sich der Zucker aufgelöst hat.
Dann die über Nacht gesalzenen,
zu Rollen geformten Heringe
abwechselnd mit den in Scheiben
geschnittenen Möhren und Zwiebeln
in ein Einmachglas schichten. Pfefferkör-
ner hinzugeben, anschließend die Brühe
darüber gießen. Gut gekühlt zwei Tage lang
ziehen lassen.

## SAUMON DU CORDONNIER

600 g de filets de hareng de la
Baltique frais
½ dl de gros sel

**Marinade :**
1 dl de vinaigre d'alcool
3 dl d'eau
½ dl de sucre

**Pour le bocal :**
1 cuill. à café de poivre de la Jamaïque
1 oignon rouge
1 carotte

Déposer les filets de hareng
dans un bocal. Saupou
drer de gros sel entre cha
que couche. Laisser
reposer jusqu'au lende
main. Mélanger les
ingrédients de la marinade
jusqu'à ce que le sucre
fonde. Rouler les filets
marinés, salés et égouttés
sur eux-mêmes et les
disposer dans un bocal
en alternant avec les ron
delles de carotte et l'oignon
rouge. Ajouter les grains de poivre. Verser
la marinade sur la préparation. Laisser
mariner au frais pendant quelques jours.

*Open your senses, enjoy the moments. Take on your journey the feeling, the taste, the shared memory.*

*Aistein omaksutaan, nautitaan hetkistä. Ota matkalle mukaasi koettu tunne, maku, yhteinen muisto.*

*Vi tillägnar oss med våra sinnen, njuter av ögonblicken. Ta en upplevd känsla, smak, ett gemensamt minne med på färden.*

*Mit den Sinnen begreifen wir, genießen den Augenblick. Nehmen Sie ein empfundenes Gefühl, einen Geschmack, eine gemeinsame Erinnerung von der Reise mit nach Hause.*

*Le moindre sens est sollicité, on savoure les instants. En repartant, gardez en mémoire une sensation, un goût, un souvenir partagé.*

*Nyholm's spiced Baltic herring*

**The alleys of Old Porvoo** wind their way towards the river that flows in its bed. The wintry cosiness and vernal growth change into a summer play of light and autumnal colour splendour.

**Kaupunginosan kujat** suuntautuvat mutkitellen kohti uomassansa virtailevaa jokea. Talvinen kodikkuus ja keväinen kasvu muuttuvat kesän valoleikiksi ja syksyn väriloistoksi.

**De krokiga gränderna** i stadsdelen leder mot ån som flyter fram i sin fåra. Vintrig hemtrevnad och vårig tillväxt växlar om till somrig ljuslek och höstig färgprakt.

**Die Gassen des Stadtteils** winden sich in Richtung des Flusses in seinem Flussbett. Die winterliche Gemütlichkeit und das Sprießen des Frühlings verwandeln sich in sommerliche Lichtspiele und eine herbstliche Farbenpracht.

**Les ruelles du quartier** rejoignent en serpentant la rivière qui coule joyeusement dans son lit. L'atmosphère hivernale si chaleureuse et l'épanouissement printanier font place aux jeux de lumières de l'été et aux couleurs flamboyantes de l'automne.

*Välikatu, 2006*

**A Porvoo measure** is always bigger than others. From history we have learned that the local tax collector had a two-sided measure, using the bigger side when collecting taxes from the residents and the smaller side when paying to the king, and keeping the difference to himself.

**Porvoon Mittaan** mahtuu aina enemmän kuin muihin. Historiassa kruununvouti käytti välipohjallista mittaa ottaen asukkailta isolla puolella ja maksamalla kuninkaalle pienemmällä. Erotuksen hän piti itse.

**Ett Borgåmått rymmer** alltid mer än andra. Historien förtäljer att kronofogden använde ett mått med mellanbotten. Han tog av invånarna med den större sidan och betalade till kungen med den mindre. Skillnaden behöll han själv.

**Das Maß von Porvoo** fasst mehr als andere Maße. Der Überlieferung zufolge verwendete ein ehemaliger Steuereintreiber in Porvoo ein Maß mit doppeltem Boden. Mit der größeren Version trieb er die Steuern ein, in der kleineren gab er sie an den König weiter. Die Differenz behielt er für sich selbst ein.

**La mesure de Porvoo** contient toujours plus que les autres. Autrefois, le collecteur d'impôts utilisait un récipient à double fond : la grande mesure servait à percevoir l'impôt aux habitants et la plus petite à verser son dû au roi. Il gardait ainsi la différence pour lui.

**Next to the riverside** warehouses stands a much more recent red-brick warehouse from 1902, which today encloses a pocket-size roasting plant. Freshly roasted and ground coffee is always available at Porvoon Paahtimo.

**Joenvarren ranta-aittojen** vieressä on niitä paljon nuorempi punatiilinen makasiini vuodelta 1902, jossa tänään toimii pieni ja sympaattinen porvoolaispaahtimo. Tuoretta paahdettua ja jauhettua kahvia on aina saatavilla Porvoon Paahtimossa.

**Bredvid strandbodarna** längs med ån finns ett betydligt yngre magasin i rödtegel. Magasinet är från 1902 och där finns i dag ett litet och sympatiskt Borgårosteri. Du får alltid färskrostat och -malet kaffe från Borgå Rosteri.

**Neben den Lagerhäusern** am Flussufer befindet sich ein wesentlich jüngeres rotes Ziegelsteinmagazin von 1902, in dem heute eine kleine, sympatische Kaffeerösterei tätig ist. In der Rösterei Porvoo kann man immer frisch gerösteten und gemahlenen Kaffee bekommen.

**À côté des vieux entrepôts**, le long de la rivière, il y en a un bien plus récent, en briques rouges, datant de 1902, qui abrite aujourd'hui une petite brûlerie de café sympathique. Porvoon Paahtimo propose toujours un café fraîchement torréfié et moulu.

*Time is a life-long loan for man.*
*Aika on ihmiselle elämänikäinen laina.*
*Tid är för människan ett livslångt lån.*
*Die Zeit wird dem Menschen auf Lebenszeit geliehen.*
*Pour l'homme, le temps n'est qu'un prêt à vie.*

*Porvoo Cathedral bell tower*

**Porvoo Cathedral** marked the first step towards Finnish autonomy and independence. The Russian tsar Alexander I raised Finland and the Finns to a nation among nations at the 1809 Diet of Porvoo.

**Porvoon tuomiokirkosta** alkoi Suomen autonomia ja itsenäisyyskehitys. Venäjän tsaari Aleksanteri I korotti Suomen ja suomalaiset kansakunnaksi kansakuntien joukkoon Porvoossa vuonna 1809 pidetyillä valtiopäivillä.

**Finlands autonomi** och självständighet fick sin början i Borgå domkyrka. Under lantdagen i Borgå 1809 lyfte den ryske tsaren Alexander I Finland och finländarna till en nation bland andra nationer.

**Im Dom von Porvoo** begann die finnische Autonomie und Entwicklung zur Unabhängigkeit. Der russische Zar Alexander I. erhob Finnland und die Finnen auf dem in Porvoo im Jahr 1809 abgehaltenen Reichstag zur Nation unter Nationen.

**C'est dans la cathédrale** de Porvoo que commença l'autonomie de la Finlande et furent jetées les bases de l'indépendance. Le tsar Alexandre Ier de Russie érigea la Finlande et les Finlandais au rang de nation lors de la Diète de Porvoo en 1809.

*Detail of a draft of the Porvoo Diet 1809 painting, Robert Wilhelm Ekman, oil painting, 1858*

**The Gymnasium**, the Cathedral Chapter and the upstairs ballroom were the setting for not only the opening of the Porvoo Diet, but also the Emperial Ball. It was at the ball that the Russian emperor Alexander I met Ulla Möllersvärd, a governor's daughter. Romances are sparked in the Old Porvoo milieu.

**Kymnaasi, tuomiokapituli** ja sen yläkerran sali olivat paitsi Porvoon valtiopäivien avajaisten, myös keisaritanssiaisten näyttämö. Tanssiaisissa Venäjän keisari Aleksanteri I kohtasi kartanontytär Ulla Möllersvärdin. Vanhan Porvoon tunnelmissa syntyy romansseja.

**Gymnasiet, domkapitlet** och salen i övre våningen var skådeplats för både invigningen av Borgå lantdag och kejsarbalen. På balen träffade den ryska kejsaren Alexander I herrgårdsdottern Ulla Möllersvärd. Stämningen i Gamla Borgå gynnar romanser.

**Das Gymnasium,** das Domkapitel und der Saal im oberen Stock des Domkapitels waren nicht nur die Bühne für die Eröffnung des Reichstag in Porvoo, sondern auch für den Zarenball. Auf diesem Ball traf der russische Zar Alexander I. die Gutsherrentochter Ulla Möllersvärd. In der Atmosphäre der Altstadt von Porvoo entstehen Romanzen.

**Le Lycée, le bâtiment** du Chapitre et sa salle du premier étage furent la scène de l'ouverture de la Diète, mais aussi celle du grand bal impérial. C'est là que le tsar Alexandre Ier de Russie rencontra Ulla Möllersvärd , une jeune fille d'un manoir proche. L'atmosphère du Vieux Porvoo se prête bien aux idylles.

*Plaque commemorating Finnish history.*

*Brunberg's Kiss*

**Old Porvoo**, which grew in medieval times along the banks of the Porvoo River, is known for its cuisine and gourmet foods. Porvoo is famous for many things. The Brunberg sweets factory has been making its famous chocolate truffles and kisses for decades, while the Little Chocolate Factory Porvoo is a more recent manufacturer.

**Porvoonjoen mäentöyräälle** jo keskiajalla kasvaneeseen Vanhaan Porvooseen liittyy ruokakulttuuri ja herkuttelu. Porvoo on paljosta kuuluisa. Brunbergin makeistehdas on vuosikymmeniä valmistanut maankuuluja suklaatryffeleitä ja suukkoja. Uudempi suklaan valmistaja on Pieni Suklaatehdas Porvoo.

**Gamla Borgå växte** redan på medeltiden på kullen invid Borgå å och är förknippad med mat- och finsmakarkultur. Borgå är berömd tör mångt och mycket. Sötsaksfabriken Brunberg har i årtionden tillverkat välkända chokladtryffel och kyssar medan Lilla Chokladfabrik Borgå är en nyare chokladtillverkare.

**Die auf der Anhöhe** des Flusses Porvoonjoki bereits im Mittelalter entstandene Altstadt Porvoos wurde immer schon mit Esskultur und Delikatessen assoziiert. Porvoo ist für Vieles berühmt. Die Süßwarenfabrik Brunberg stellt bereits seit Jahrzehnten landesweit bekannte Schokoladentrüffel und "Küsse" her, während die Schokoladenfabrik Pieni Suklaatehdas Porvoo zu den neueren Schokoladenherstellern gehört.

**Le Vieux Porvoo**, qui s'étend depuis le Moyen-Âge sur le flanc d'une colline au bord de la rivière Porvoonjoki, évoque également la cuisine et la gourmandise. La renommée de Porvoo est multiple. Depuis des décennies, la fabrique de bonbons de Brunberg produit ses fameuses « bises » et truffes au chocolat et aujourd'hui la ville compte un nouveau chocolatier, Pieni Suklaatehdas Porvoo.

*Little Chocolate Factory Porvoo*

**In 1760**, fire got out of control when someone was making fish soup, burning down 202 of the Old Town's 293 buildings. Nowadays the Old Town is preserved fastidiously.

*The town is built of layers, actions, customs, and so is time and a picture of the times.*

**Vuonna 1760** kalasopan keitosta syttyi vahingossa tulipalo polttaen maan tasalle Vanhan Porvoon 293 rakennuksesta peräti 202. Nykyisin Vanhaa Porvoota vaalitaan kuin silmäterää.

*Kaupunki rakentuu kerroksista, teoista, tavoista, niin myös aika ja ajankuva.*

**År 1760** härjade en brand som fick sin början av misstag då man tillredde fisksoppa i Gamla Borgå och rentav 202 byggnader av 293 brändes ner till marken. Nuförtiden är man mycket mån om Gamla Borgå.

*En stad byggs upp av skikt, gärningar, seder, så även tiden och tidsbilden.*

**Im Jahr 1760** wurde beim Kochen von Fischsuppe versehentlich ein Großbrand ausgelöst, dem von den 293 Gebäuden der Altstadt Porvoo immerhin 202 zum Opfer fielen. Heutzutage wird die Altstadt Porvoos wie ein Augapfel gehütet.

*Eine Stadt setzt sich aus Schichten, Taten und Gewohnheiten zusammen, ebenso wie auch die Zeit und das Zeitbild.*

**En 1760**, la cuisson malencontreuse d'une soupe de poisson fut à l'origine d'un incendie qui détruisit complètement 202 des 293 maisons du Vieux Porvoo. Aujourd'hui, les habitants en prennent soin comme de la prunelle de leurs yeux.

*La ville est faite de superpositions, de faits et gestes, tout comme le temps et l'esprit du temps.*

*Information on the past strengthens the future. Tiny details take on large proportions.*

*Tieto menneestä vahvistaa huomista. Pienestä yksityiskohdasta avautuu suuri ulottuvuus.*

*Kännedom om det förgångna styrker morgondagen. En liten detalj öppnar stora dimensioner.*

*Wissen aus der Vergangenheit festigt das Morgen. Aus kleinen Einzelheiten entsteht das große Gesamtbild.*

*La connaissance du passé renforce le futur. Un petit détail ouvre de grands horizons.*

**The big picture** and feeling are created from details; the parts are greater than their sum. Individual cobblestones form a street. *We cannot go back in time, but we can learn from the past.*

**Kokonaisuus ja tunnelma** syntyvät yksityiskohdista, osista syntyy enemmän kuin niiden summa on. Yksittäisistä kivistä syntyy katu. *Ajassa emme palaa taaksepäin, mutta menneestä voimme oppia.*

**Helheten och stämningen** föds ur detaljer, av delarna föds mer än summan av dem. En gata föds av enstaka stenar. *Vi går inte bakåt i tiden, men vi kan lära av det förgångna.*

**Ein Ganzes und eine Atmosphäre** entstehen aus Einzelheiten, aus Teilen entwickelt sich mehr als nur ihre Summe. Aus einzelnen Steinen entsteht eine Straße. *Wir können die Zeit nicht zurückdrehen, aber wir können aus der Vergangenheit lernen.*

**L'ensemble et l'atmosphère**, c'est le résultat de multiples détails ; le tout est plus que la somme des parties. Des pavés individuels naît la rue. *Nous ne remontons pas le fil du temps, mais nous pouvons apprendre du passé.*

## SWEET MERINGUE

1 egg white
3/4 dl icing sugar
or ½ dl granulated sugar

Beat the egg white into a hard foam
and fold in the sugar carefully. Beat for
approximately ten minutes. As you beat
it, the sugar melts into the egg white,
creating a foam. Squeeze the mixture
onto an oven dish and bake in a 100-
degree oven for about two hours.
Switch off the oven and leave the oven
door ajar. When the meringue is ready,
it is dry and comes easily off the baking
paper.

## MAKEA MARENKI

1 munanvalkuainen
3/4 dl tomusokeria
tai ½ dl kidesokeria

Vaahdota valkuainen kovaksi vaahdoksi
ja lisää sokeri varovasti nostellen se-
kaan. Vatkaa noin kymmenen minuuttia.
Vatkatessa sokeri sulaa valkuaiseen ja
syntyy vaahto. Pursota sitkos pellille ja
kypsennä seosta 100-asteisessa uunissa
noin kaksi tuntia. Kytke uuni pois päältä
ja jätä uunin luukku raolleen. Valmis
marenki on kuivaa ja irtoaa helposti
leivinpaperista.

## SÖT MARÄNG

1 äggvita
3/4 dl florsocker
eller ½ dl kristallsocker

Vispa äggvitan till hårt skum och lyft
och blanda försiktigt i sockret. Vispa
ungefär tio minuter. Under vispningen
löser sockret sig i äggvitan och skum
bildas. Spritsa det hårda skummet på en
plåt och grädda blandningen i ungefär
två timmar i 100-gradig ugn. Stäng av
ugnen och lämna ugnsluckan en aning
på glänt. Den färdiga marängen är torr
och lossnar lätt från bakplåtspappret.

## SÜSSER BAISER

1 Eiweiß
3/4 dl Puderzucker
oder ½ dl Kristallzucker

Das Eiweiß zu kräftigem Schaum schla-
gen und den Zucker vorsichtig darun-
terheben. Noch etwa zehn Minuten
schlagen. Beim Schlagen verschmilzt
der Zucker mit dem Eiweiß, und es
entsteht Schaum. Die zähe Masse mit
einer Spritztüte auf das Backblech
spritzen und im Ofen bei 100 Grad
rund zwei Stunden lang backen. Dann
den Ofen ausschalten und die Ofentür
einen Spalt offen lassen. Der fertige
Baiser ist trocken und löst sich leicht
vom Backpapier.

## MERINGUE

1 blanc d'œuf
3/4 dl de sucre glace
ou ½ dl de sucre semoule

Monter le blanc d'œuf
en neige en fouettant vi-
goureusement et ajouter
le sucre avec précaution.
Continuer à fouetter
pendant une dizaine de
minutes. Le sucre se
dissout dans le blanc
et le mélange devient «
neigeux ». Coucher le
mélange sur la plaque
avec une poche à douille
et faire cuire environ
deux heures à 100 °C.
Arrêter le four et laisser
la porte entrouverte. La
meringue prête est sèche
et se détache facilement
du papier cuisson.

*Airi Kallio, Café Helmi*

Cherish the moment, traditions. Value
experiences, the past and variety.
Time takes you forward. The water flows.
Time is a gift and limitless. It is limited only
by our self.

Vaalitaan hetkiä, perinteitä. Annetaan
arvo elämyksille, menneelle ja monen-
muotoisuudelle.
Aika vie eteenpäin. Vesi virtaa. Aika on lahja
ja rajaton. Vain minuutemme sen rajaa.

Vi slår vakt om ögonblick, traditioner. Sätter
värde på upplevelser, det förgångna och
variation.
Tiden tar oss vidare. Vattnet rinner. Tiden är
en gåva och ändlös.
Bara vårt jag
avgränsar den.

Wir wollen Augenblicke und Traditionen
pflegen. Erlebnisse, die Vergangenheit und die
Vielseitigkeit in Ehren halten.
Die Zeit vergeht. Das Wasser fließt. Die Zeit ist
ein Geschenk und grenzenlos. Nur unser Selbst
setzt ihr Grenzen.

Préserver l'instant, la tradition. Apprécier les
sensations, le passé et la diversité.
Le temps nous mène en avant. L'eau coule. Le
temps est un cadeau, infini. Il n'y a que notre
être pour le structurer.

**Porvoo – urban bustle** and rural tranquillity, sea island and river valley national landscape, high-tech industry and culture side by side. The structures show different layers of history. This is the cradle of Finnish autonomy and independence and the home of national poet Johan Ludvig Runeberg (1804-1877). Tomorrow is being built and the old is respected.

**Porvoossa on sykettä** ja maaseudun rauhaa, saaristoa ja jokilaakson kansallismaisemaa, huipputeollisuutta ja kulttuuria rinnakkain. Rakenteissa on historian kerroksisuutta. Tämä on Suomen autonomian, itsenäisyyden kehto ja täällä eli kansallisrunoilija Johan Ludvig Runeberg (1804-1877). Huomista rakennetaan ja vanhaa arvostetaan.

**Borgå är puls** och landsbygdens lugn, skärgård och nationallandskap vid ån, industri på toppnivå och kultur sida vid sida. Konstruktionerna har historiska skikt. Det här är den finländska autonomins, självständighetens vagga och här levde nationalskalden Johan Ludvig Runeberg (1804-1877). Morgondagen byggs upp och gammalt uppskattas.

**Porvoo, c'est en même temps** l'effervescence de la ville et le calme de la campagne, l'archipel et la vallée de la rivière Porvoo, paysage national, l'industrie de pointe et la culture. Les superpositions de l'histoire se reflètent dans les structures. C'est le berceau de l'autonomie et de l'indépendance de la Finlande, c'est ici que vécut le poète national Johan Ludvig Runeberg (1804–1877). On construit l'avenir et on apprécie le passé.

**In Porvoo ist pralles** Leben, aber man findet dort auch die Ruhe des Landlebens, es gibt die Schären und die Nationallandschaft des Flusstals; Spitzentechnologie und Kultur existieren friedlich nebeneinander. Durch die Struktur der Stadt ziehen sich die Schichten der Vergangenheit. Dies ist die Wiege der finnischen Autonomie und Unabhängigkeit, und hier lebte der Volksdichter Johan Ludvig Runeberg (1804-1877). Das Morgen wird aufgebaut und das Vergangene weiter in Ehren gehalten.

**The King's Road** ran along coasts, between Stockholm and Porvoo and via Vyborg to Russia. Kings, bishops, merchants and soldiers used the road, enjoyed Porvoo – and came back again. Porvoo's old coat of arms, marking the former boundary between neighbouring municipalities, still welcomes visitors.

**Suuri Rantatie,** Kuninkaantie, kulki Tukholmasta Porvooseen ja Viipurin kautta Venäjälle. Kuninkaat, piispat, kauppiaat ja sotilaat ovat täällä kulkeneet, viihtyneet, tulleet uudelleen. Vanha vaakuna entistä kunnanrajaa osoittavassa rajapyykissä ottaa vieraat yhä vastaan.

**Stora Strandvägen**, Kungsvägen, gick från Stockholm till Borgå och via Viborg till Ryssland. Kungar, biskopar, handelsmän och soldater har färdats här, trivts, kommit åter. Det gamla vapnet vid råmärket som utmärker den gamla kommungränsen tar fortfarande emot gästerna.

**Die große Uferstraße**, der Königsweg, führt von Stockholm aus über Porvoo und über Wyborg bis nach Russland. Könige, Bischöfe, Händler und Soldaten sind hier gelaufen, ihnen hat es hier gefallen und sie sind wiedergekommen. Das alte Wappen auf dem Grenzstein, der die ehemalige Grenze der Gemeinde markiert, heißt die Besucher noch immer willkommen.

**La Grande route côtière,** la Route du roi, s'étendait de Stockholm à Porvoo et jusqu'en Russie en passant par Vyborg. Les rois, les évêques, les commerçants et les militaires sont passés par ici, ils s'y sont plu, ils sont revenus. Le vieux blason sur la borne qui marque l'ancienne limite de la commune est toujours là pour saluer les visiteurs.

First Published in Finland 2006 by Studio Avec Adiovisual, Finland.

Earlier titles in the à la carte series are:
Lapland Sápmi 2001, 2004, 2005, 2006
Lahti Päijät-Häme, 2003
Lapland - The Northern Lights, 2004, 2005
Culinary Helsinki, 2003
Tammerkosken Taimen, 2004
Saaristokulttuuri, 2005
Haparanda-Tornio, 2005
Hollola, 2005
Culinary Porvoo, 2006, 2008
Culinary Luleå, 2007
Culinary Kotka, 2007

ISBN 978-952-5290-64-6